世界(せかい)の子(こ)どもたち
②

ぼくの、わたしの、世界(せかい)の誕生日(たんじょうび)

誕生日(たんじょうび)おめでとう、ニコ、エイダン―M.R.
ママ、子(こ)どものころの誕生日(たんじょうび)とってもすてきだった、ありがとう―A.B.

First published in English under the title: Birthdays Around the World

Text © 2017 Margriet Ruurs
Illustrations © 2017 Ashley Barron
Published by permission of Kids Can Press Ltd., Toronto, Ontario, Canada.
All rights reserved. No part of this publication may be reproduced, stored in a retrieval system, or transmitted in any form or by any means, electronic, mechanical photocopying, sound recording, or otherwise, without the prior written permission of Suzuki Publishing Co., Ltd.
Japanese translation rights arranged with Kids Can Press Ltd., Ontario through Tuttle-Mori Agency, Inc., Tokyo

世界の子どもたち 2

ぼくの、わたしの、世界の誕生日(たんじょうび)

2018年12月21日　初版第1刷発行

訳者／大西　昧
発行者／西村保彦
発行所／鈴木出版株式会社
〒101-0051　東京都千代田区神田神保町3-5
住友不動産九段下ビル9F
電話／03-6774-8811　FAX／03-6774-8819
振替／00110-0-34090
ホームページ　http://www.suzuki-syuppan.co.jp/
印刷／株式会社ウイル・コーポレーション

©Suzuki Publishing Co.,Ltd. 2018
ISBN 978-4-7902-3345-9 C8036

Published by Suzuki Publishing Co.,Ltd.
Printed in Japan
NDC380／40p／31.0×23.5cm
乱丁・落丁は送料小社負担でお取り替えいたします

もくじ

ぼくの、わたしの、世界の誕生日		4
世界地図を見てみよう！		6
アルヴァールックの誕生日	（カナダ）	8
アラナの弟カイノアの誕生日	（アメリカ合衆国）	10
オパールの兄デルロイの誕生日	（ジャマイカ）	12
メルセデスの誕生日	（ペルー共和国）	14
イエヴァの誕生日	（ラトビア共和国）	16
ドミートリの誕生日	（ロシア連邦）	18
ブラムの誕生日	（ベルギー王国）	20
マーミの誕生日	（ガーナ共和国）	22
ンタベレングの誕生日	（レソト王国）	24
ニノシュカの誕生日	（インド）	26
しのぶの誕生日	（日本）	28
アトムの妹アルニーの誕生日	（カンボジア王国）	30
フック カンの誕生日	（ベトナム社会主義共和国）	32
テアの誕生日	（オーストラリア連邦）	34
誕生日に何をする？		36
著者からのメッセージ		38
ふりかえってみよう		39
さくいん		40

ぼくの、わたしの、世界の誕生日

世界じゅう、
どんな人にも誕生日があります。
でも、すごし方はさまざまです。
みんなどんなふうにすごして
いるのでしょう。

特別なごちそうを食べたり、プレゼントをもらったり、
誕生日を祝う歌をみんなで歌ったりして、お祝いの会をする人もいます。
お祝いをするよりも、言葉やちょっとした贈り物で、まわりの人に「ありがとう」と、
感謝の気持ちを伝えることを大切にしている人もいます。
自分の誕生日にお祝いをしなかったり、
いつなのか知らない人もいます。

最初にむかえる誕生日を、
とりわけ大切にしている地域もあります。
3歳、5歳、7歳になる年に、
特別な儀式をするところもあります。

これから、世界の各地でくらす子どもたちに、
どんなふうに誕生日をすごしているのか、話を聞かせてもらいましょう。
みなさんと同じすごし方をしている人がいるかもしれませんね。

世界地図を見てみよう！

誕生日の話をしてくれる子どもたちがくらす国は、どこにあるのかな？

ブラム
ベルギー王国

アルヴァールック
カナダ

アラナとカイノア
アメリカ合衆国

オパールとデルロイ
ジャマイカ

メルセデス
ペルー共和国

マーミ
ガーナ共和国

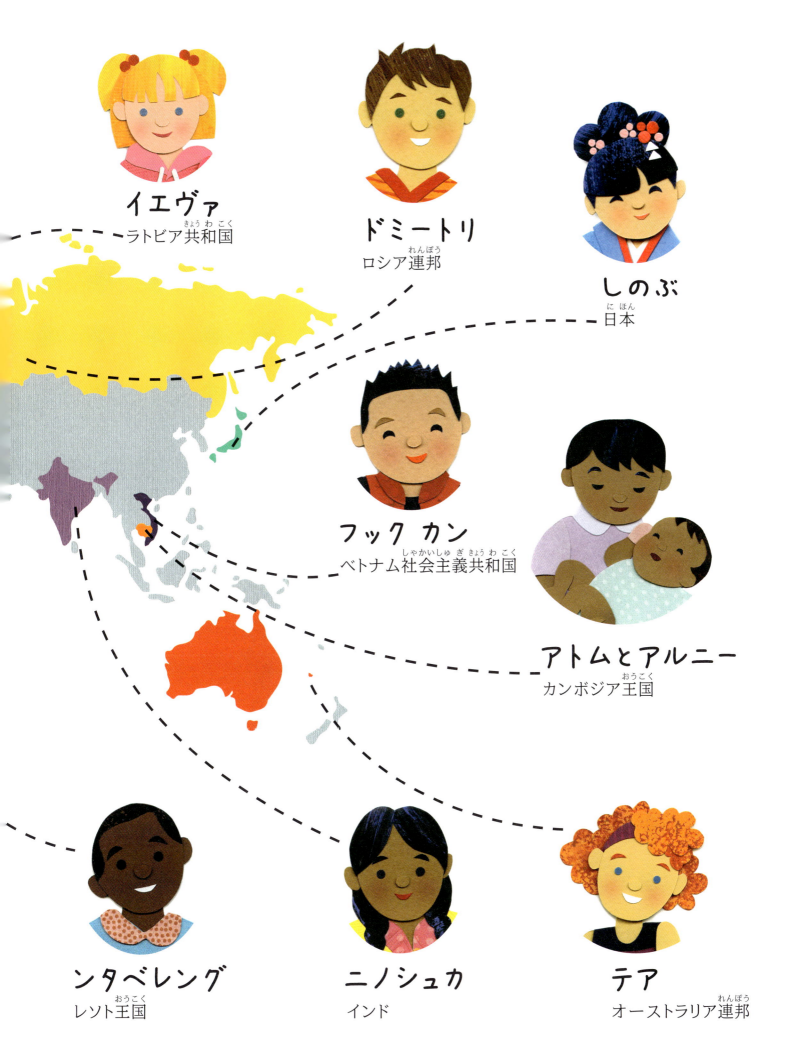

ぼくはアルヴァールックです。
カナダの北部、ヌナブト準州でくらしています。

ナリウニクスツァリト！（イヌクティトゥット語）
生まれてくれてありがとう！

カナダでは、よく、誕生日には友だちが家に集まり、
お祝いをしてくれます。ぼくもそうです。
風船を飾りつけ、パーティーハットをかぶって、
ゲームをし、ホットドッグやケーキを食べます。

みんなが、「ハッピー バースデー」を歌ってくれて、
ぼくは願いごとをしてから、
ケーキに立てたロウソクの火を吹き消します。
それから、もらったプレゼントをあけていきました。

ぼくの名前は、おじいちゃんからもらいました。
おじいちゃんもアルヴァールックといいます。
北極圏に住むおじいちゃんやおばあちゃんたちは、
　　自分の誕生日がいつなのか気にしません。
　　ぼくのおじいちゃんも誕生日を知りません。
　　ぼくたちイヌイットが大切にしてきたのは、
　　　だれの名前をもらったかということです。
　　そして、その名前にふさわしい
　　　　りっぱな人間になることなんです。

わたしはアラナです。弟はカイノアといいます。
アメリカ合衆国のハワイ州でくらしています。

ハウオリ ラー ハーナウ！（ハワイ語）
お誕生日おめでとう！

きょう、わたしの弟のカイノアが1歳になります！
ハワイでは、生まれてはじめての誕生日は特別なんです。
お祝いの宴会のことをハワイ語で「ルアウ」といいます。
1歳の誕生日には、みんなが集まって、
とても盛大な「ルアウ」をします。

カイノアは、「パラカ」を着ています。
アロハシャツのもとにもなった、チェック柄のハワイオリジナルのシャツです。
わたしは「レイ」という花飾りを首にかけます。
お祝いに来た中国の獅子舞を見たり、顔にペイントしたりもするんですよ。

そのあとはごちそうを食べます。タロイモを蒸してすりつぶした「ポイ」、
肉や魚をタロイモの葉で蒸し焼きにした「ラウラウ」、
「ロミロミサーモン」というサーモンのサラダ、春雨に、
「カルアポーク」という豚肉の蒸し焼き。
でも、わたしがいちばん好きなのは、
「ハウピア」というココナッツミルクで作ったデザートです。

ほら、友だちがひくウクレレが聞こえてきました。
みんなが踊ります。
わたし、「トゥトゥ（おばあちゃん）」から、
フラダンスを習っているんです。

わたしはオパールです。お兄ちゃんはデルロイです。
ジャマイカの首都、キングストンでくらしています。

ハッピー バースデー！（英語）
お誕生日おめでとう！

しーっ、しずかにね。デルロイお兄ちゃんがこっちに来ます。
きょうは、お兄ちゃんの誕生日。
わたしは、パンノキのかげにかくれています。
この木は、お兄ちゃんが
生まれたときに植えた木です。

わたしは、パッと飛び出して、
デルロイお兄ちゃんに、小麦粉をぶっかけました。
これが、むかしからしてきた誕生日の祝福なんです。
お兄ちゃんは大笑いし、
わたしたちは草の上をころげまわります。

家族やお兄ちゃんの友だちが全員集まると、
みんなで「ハッピー バースデー エブリワン」という歌を歌い、ごちそうを食べます。
「アキー」に「ソルトフィッシュ」、「ジャークチキン」に「ライスアンドピーズ」。
ジャマイカの名物料理がならびます。「アキー」はおかずにする果実で、
ジャマイカではよく食べるんです。デザートはお兄ちゃんの大好物、
チョコレートケーキです！

お父さんが、バケツをもって
木に水をやりに行くふりをしています。
でもバケツの中身は、小麦粉！
お父さんは、お兄ちゃんの頭の上で
バケツをひっくりかえし、
髪の毛が真っ白になったお兄ちゃんは、
たしかに年をとったように見えました。

わたしはメルセデスです。ペルー共和国の北西部、
ピウラでくらしています。

フェリス クンプレアニョス！（スペイン語）
お誕生日おめでとう！

ようこそ、わたしのお誕生会に！
みんな集まってくれています。
友だちも、家族も、近所の人たちも。
わたし、みんなに招待状を送ったんです。

家はリボンと風船で飾ります。テーブルの上を見てください。
ケーキ、「フルーナ（フルーツキャンディー）」、
「ガジェータス（ビスケット）」、ポップコーン、ゼリー、
それから、「マサモーラ・モラーダ」という紫トウモロコシのデザートなどでいっぱい。

子どもはみんな、パーティーハットをかぶります。
プレゼントをもってきてくれる人もいます。
せっけんとかシャンプーとか服とか、
どれもうれしいけれど、
いちばん好きなのは、やっぱりおもちゃ。
ボールとか、ミニチュアのティーセットとかだと最高です。

パパが、「ピニャータ」っていう、くす玉のひもをひっぱるときが、
お誕生会でいちばんすてきな瞬間。
「ピニャータ」のなかから、キャンディーやおもちゃが
頭の上に雨みたいに降ってくるんです!
友だちが帰る時間が来ると、
みんなに「ソルプレッサ(キャンディーやおもちゃのおみやげ)」
と風船をわたします。

わたしはイエヴァです。ラトビア共和国のクルディーガという町でくらしています。

ダォツ ルアイメス ズィムシャナス ディエナ！（ラトビア語）
お誕生日がいい日でありますように！

わあーっ！ ケーキの焼けるにおいです。
きょうはわたしの誕生日。お母さんが、「クリンジェリス」っていう、お祝いのための大きな特製ケーキを作ってくれているんです。

友だちや親戚の人が、花束をもって集まってくれました。
花の数は、9とか11とか13とか、いつも奇数と決まっています。
「名前の日（聖名祝日）」にも花束をもらいます。
自分の誕生日と同じくらい大切な日なんです。
わたしの名前、イエヴァの「名前の日」は12月24日。
「名前の日」というのは、名前をもらった聖人を祝う日です。

ケーキの用意ができたら、ラトビアで歌われる
誕生日の歌をみんなで歌ってくれて、
わたしはロウソクの火を吹き消します。
ロウソクの煙に乗って、誕生日の願いごとが、
まっすぐ神さまのもとまでのぼっていきます。

それから、誕生日の飾りつけをしたバースデーチェアーにすわります！
みんながわたしをいすごと、高くもちあげてくれます。
1回、2回、3回、4回、5回、6回、7回！
1歳につき、1回です！ 1回1回に、その年のわたしの一年がつまっています。

ぼくはドミートリです。ロシア連邦の
チェリャビンスクでくらしています。

スドニョーム ラジジェーニィヤ！（ロシア語）
お誕生日おめでとう！

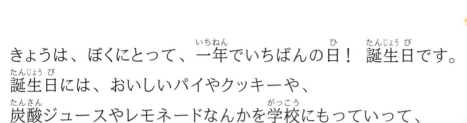

きょうは、ぼくにとって、一年でいちばんの日！　誕生日です。
誕生日には、おいしいパイやクッキーや、
炭酸ジュースやレモネードなんかを学校にもっていって、
クラスのみんなにふるまいます。

放課後は、友だちが家に集まってくれました。
風船や色紙で飾りつけをして、シャボン玉を飛ばし、
ゆかいなピエロもやってきて、
いろんな芸を見せてくれました。

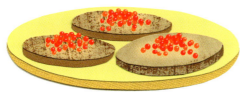

それから、
「キャビアブリニ（キャビアつきのパンケーキ）」や、
肉やキノコ入りのおだんごなどの、ごちそうを食べました。

みんなで歌う誕生日の歌は、ロシアでむかしから歌われているものです。
雨が降っているのにこんなに楽しい気分になる誕生日が、
年に一度しかないのってほんと残念！　って歌のなかの男の子がつぶやきます。
ぼくもまったくそのとおりだなって思います。

ぼくはブラムです。
ベルギー王国の都市、ゲントでくらしています。

グリュッキグ ヴェルヤールダフ！（フラマン語）
お誕生日おめでとう！

朝起きると、家族がぼくの部屋に押し入ってきました。
なべやフライパンをトンカン打ち鳴らしています。
プレゼントもかかえています。
みんなで「ラング ザル ヒ レーベン」を歌っています。
ぼくたちが誕生日に歌う、ゆったり長生きできますように、と願う歌です。

学校では、クラスのみんなにキャンディーをくばります。
みんなも全員で歌を歌って祝ってくれます。
誕生日の人は、一日じゅう、
紙で作った王冠をかぶってすごします。

放課後、親戚の人たちがたくさん来てくれて、
来ることができないおばさんやおじさんは、バースデーカードや手紙を送ってくれました。
夕ごはんのメニューは、ぼくがえらびます。大好物のフライのアップルソースぞえです！

バースデーケーキにはロウソクを立てます。
毎年1本ずつふえていきます。
ロウソクの火は一息で吹き消します。
誕生日の願いごとがかなうんです。

わたしはマーミです。
ガーナ共和国の首都、アクラでくらしています。

アウォーダ！（ガー語）
きょうはあなたのお誕生日！

きょうの朝ごはんは特別です。誕生日をむかえたわたしのために、
母さんが「オートゥ」を作ってくれています。
すりつぶしたヤムイモにパームオイルをからめ、ゆで卵をそえたごちそう。
においをかいでいるだけで、口のなかにつばがたまってきます。

誕生日は一日じゅう、だれもが特別によくしてくれます。
父さんからは炭酸ジュースをもらい、
おばさんからはおこづかいをもらいました。

それから、友だちと「アンペ」をして遊びました。
相手と向き合い、思いっきりジャンプして
空中で手をたたき、着地のときに
どちらかの足を出します。
その足が相手と同じか
ちがうかで得点が決まるんです。
けっこうむずかしくて、
うまくなるには経験を
積まなくちゃいけないんです。

夕ごはんは、「プランテン（料理用バナナ）」のフライと、
「ジョロフライス（スパイシーなトマト味の炊き込みごはん）」を食べました。
誕生日だから、チキン入りです！

ぼくはンタベレングです。
レソト王国のモコトロングでくらしています。

レツァツィレ モナテ ラ ツォアロ！（ソト語）
お誕生日おめでとう！

ぼくたちは、自分の誕生日にお祝いをしません。いつなのかもよく知りません。
お祝いするのは、7月17日。今の、敬愛する王さまの誕生日。
国じゅうでお祝いして、みんないっしょに年をとるんです。

レソトは
いくつかの地域に分かれていて、
どの地域でもそれぞれに王さまの誕生日の祝典を催します。
王さまは毎年どこかの地域の祝典に出席されますが、
今年は、ぼくたちのモコトロングに来られることになりました！
祝典は前の日からはじまります。歌って踊って、伝統的なポニーレースも行われます。

当日は、大砲で祝砲が撃たれ、
軍隊のパレードもあって、会場は人であふれかえります。
すごくたくさんの人が、カラフルな「シェシェ」という布や、
むかしからとても大切にしている毛布で着飾ってやってきます。

ぼくたちは、国歌を合唱して、歓声をあげました。
「ヒップ ヒップ フーレイ！ 王さま万歳」

わたしはニノシュカです。
インドのジャンムー・カシミール州、
コイプルでくらしています。

ジャナムディン ムバーラク！（ヒンディー語）
お誕生日がいい日でありますように！

きょうから、わたしは6歳です！
朝早く、わたしたちは、
ヒンドゥー教の神さまをおまつりして
祈りを捧げる、「プージャー」という
儀式をします。

白檀のお香のかおりに満たされながら、
お母さんが、神さまの祝福を願い、お供えをします。
美しく育つように、とお花を。
平安にありますように、とミルクを。
いつまでも健やかに、とライスを。
そして、やさしい心でいられますように、とハチミツを供えます。

それから、ヒンドゥー教のお坊さんがやってきて、
わたしの「クンダリ」を読みといてくれます。
「クンダリ」にはわたしにとって
もっとも大切なことが記されていて、
生まれた場所と時間の星々の位置から、
未来をいい当てることもできるんです。

誕生日の儀式が終わると、
お菓子やチョコレートをもって学校に行き、
友だちみんなにくばります。

27

わたしはしのぶです。
日本の愛知県豊橋市でくらしています。

お誕生日おめでとう！（日本語）

わたしの誕生日は8月です。
でも、今年は11月15日にもお祝いをしました。
3歳、5歳、7歳になる年は、
その年まで生きられたこと、
健康でじょうぶでいられたことに感謝して、
「七五三」のお祝いをするんです。
わたしは、今年7歳です。

お母さんに晴れ着を着せてもらい、髪を結ってもらったので、
したくには、何時間もかかりました。

それから、家族みんなで、神社かお寺におまいりします。
縁起ものの「千歳飴」をもらいます。
鶴のように千年、亀のように万年、
末ながく生きられますようにと、
飴の袋にも縁起のいい絵が描かれています。

おじいちゃんとおばあちゃんが、
記念に写真を撮ってくれました。
そのあとみんなで、お寿司と「お赤飯」を食べました。
赤い色をした「お赤飯」は、
しあわせを運んできてくれるんです。

ぼくはアトムです。妹はアルニーです。
カンボジア王国の首都、プノンペンで
くらしています。

リークリァイトナィクープ コムナゥト！（クメール語）
お誕生日おめでとう！

ぼくの国では、誕生日のお祝いをふつうはしないんです。
ぼくのおじいちゃんとおばあちゃんは、
自分の誕生日も知らないくらいです。

そのかわり、赤ちゃんが生まれて1か月目に、「プロ コックン」というお祝いをします。
きょうは、妹の、そのお祝いの日です。妹の名前は、アルニー。
父さんと母さんが考えに考えてつけた名前で、「朝日」という意味です。

親戚の人たちも集まってくれて、みんなで赤ちゃんを歓迎して、
よく生まれてきてくれたね、と歌って踊りました。

そのあと、お坊さんがやってきて、
浄めた水をかけて、妹を祝福してくれました。
ぼくは、しあわせを運んできてくれるよう、
赤い綿のひもを、妹の腕に結びました。

ぼくはフック カンです。
ベトナム社会主義共和国の港町、
ホイアンでくらしています。

チュック ムン シン ニャット！（ベトナム語）
お誕生日おめでとう！

きょうは、「テト グエン ダン」、短くいうと「テト」。
ベトナムの旧暦のお正月です。ぼくたちは、自分の誕生日じゃなくて、
「テト」に、国じゅうのだれもがそろって、ひとつ年をとります。

「テト」の最初の日、いちばんわくわくするのは、
父さんと母さんからもらう、赤い袋。
なかには、「リーシー（お年玉）」が入っています。
年をとれてほんとによかったねという、
子どもたちへのお祝いなんです。

「テト」のお祝いは、まる1週間つづきます！
その間に、先生や親戚の人たちの家にも行って、
新しい年もよい年でありますようにと祈り合い、
恵み多き年でありますように、とあいさつをかわします。
そして、お寺におまいりし、お香を供えてご先祖さまをたたえます。

わたしはテアです。
南太平洋に浮かぶ、オーストラリア領ノーフォーク島でくらしています。

ハッピー バースデー！（英語）
お誕生日おめでとう！

パパとママとわたしは、今朝、ラジオの前に集まりました。
きょうが誕生日のわたしのために、
パパとママがリクエストしてくれた歌が流れてきます。
わたしたちの島では、誕生日がラジオでわかるんです。

ママは、朝ごはんに、
「フェアリーブレッド（妖精のパン）」を作ってくれました。
バターの上に「ハンドレッズアンドサウザンズ
（色とりどりの粒砂糖）」をちりばめたパン菓子で、
見ているだけで楽しくなります。

それから、わたしたちは浜辺に行き、
釣りたての大きな魚を焼いて食べました。
友だちも家族もみんないっしょ。
スイカのタネ飛ばし競争もしました。
いつもは、友だちやいとこのほうが
遠くまで飛ばしますが、
きょうはわたしが優勝しました！

みんなは帰る前に、「ハッピー バースデー トゥー ユー」を歌い、
声をそろえて大きな声でいってくれました。
「ヒップ ヒップ フーレイ！ お誕生日おめでとう！」

誕生日に何をする?

世界のどこかで、毎日、だれかが誕生日をむかえています。
ひとつ年をとれたよろこびをお祝いするといっても、
だれと、どんなふうにお祝いするのか、いつお祝いするか、
国や伝統によって、みんなちがっています。

みなさんは、ペルーのメルセデスさんのように、誕生会をしますか?
インドのニノシュカさんのように、誕生日には特別な儀式がありますか?

日本のしのぶさんのように、
「七五三」のお祝いをしましたか?

ベルギーのブラムくんのように、
王冠をかぶって一日をすごしますか?

ハワイのアラナさんのように、
誕生日にみんなで踊りますか?

ふたたび誕生日をむかえられるのは、
まわりのみんなのおかげだと、誕生日には木を植えたり、
クラスのみんなにお菓子などをふるまったりして、
よろこびと感謝を伝えることを大切にしている人たちもいます。

みなさんは誕生日に、
ひとつ年をとったことを祝いますね。

ラトビアのイエヴァさんのように、
「名前の日」などを祝う人もいます。

レソトのンタベレングくんのように、
王さまの誕生日を祝う国もあります。

こんなにもいろいろなお祝いのしかたがあるなんて、
どのお祝いもやってみたくなりませんか？
世界の伝統や習慣は、ほんとうにおもしろいですね。

著者からのメッセージ

この本は、世界のさまざまな地域でくらしている、実在の子どもたちへの取材にもとづいています。誕生日をどのように祝うかを子どもたちや家族のみなさんに聞くたびに、その祝い方の多様性に驚かされました。この本が、自分たちの伝統についてみんなで考え合うきっかけになり、世界について理解する手助けになることを願っています。

世界地図で確認してみよう

地球儀や地図帳を使い、6～7ページでしめされている場所を確認してみましょう。見つけられましたか？ そこに住んでいる知り合いがいますか？ また、そこが出身地の人をだれか知っていますか？

取材をしてみよう

国や文化のちがう人に、誕生日について聞いてみましょう。

○どのように誕生日を祝いますか？
○誕生日のための、歌や特別な料理、着るものや贈り物はありますか？
○その地域や国独自の、習慣や伝統はありますか？

取材したことを、ストーリーにまとめたり、絵を描いたりしてみましょう。

世界の言葉で、「お誕生日おめでとう！」

この本には、さまざまな言語による、誕生日を祝福する言葉がのっています。アメリカ合衆国ハワイ州のアラナさんたちは、「ハウオリ ラーハーナウ！」と、ハワイ語でいいました。ラトビア共和国のイエヴァさんたちは、「ダォツ ルア イメス ズィムシャナス ディエナ！」と、ラトビア語でいっていましたね。この本に出てきていない言語では、どういうのか、調べてみましょう。

誕生日の歌を歌おう

世界には、誕生日に歌う歌がいろいろあります。たとえば、ジャマイカでは「ハッピー バースデー エブリワン」という伝統的な歌が歌われています。この本でもいくつか紹介しました。それぞれどんな歌をどんなふうに歌っているのでしょう。実際に歌ったり聞いたりしてみましょう。また、「ハッピー バースデー トゥー ユー」という同じ曲でも、言葉を変えて歌うと、どんな感じになるのか、ためしてみましょう。

ふりかえってみよう

ジャマイカのオパールさんは、
誕生日のお兄ちゃんに
何をかけますか?

ラトビア共和国のイエヴァさんが
バースデーチェアーにすわると、
どんなことをしてもらえますか?

ロシア連邦のドミートリくんは、
誕生日に何をもって
学校へ行きますか?

ベルギー王国のブラムくんの
誕生日の朝には、
どんなことがありますか?

ガーナ共和国のマーミさんの
誕生日の朝ごはんは
なんですか?

ベトナム社会主義共和国の
フック カンくんは、
いつ、年をとりますか?

さくいん

アトム ……… 7,30	ケーキ ……… 8,9,13,14,16,17,19,21	ハッピー バースデー エブリワン　13,38
アメリカ合衆国（がっしゅうこく）　6,10,38	ゲーム ……… 8	ハッピー バースデートゥー ユー　35,38
アラナ　6,10,36,38	ごちそう　4,11,13,19,22	花束（はなたば）……… 16
アルヴァールック　6,8,9	国歌（こっか）……… 25	パレード ……… 25
アルニー ……… 7,30	ごはん　21,22,23,34,39	ハワイ　10,36,38
イエヴァ　7,16,37,38,39	しのぶ ……… 7,28,36	ピエロ ……… 19
イヌイット ……… 9	ジャマイカ　6,12,13,38,39	風船（ふうせん）　8,14,15,19
インド ……… 7,26,36	習慣（しゅうかん）　37,38	フック カン　7,32,39
歌（うた）　4,13,17,19,20,34,38	祝福（しゅくふく）　12,26,31,38	フラダンス ……… 11
お祝い（いわ）　4,8,10,16,24,28,30,32,33,36,37	招待状（しょうたいじょう）……… 14	ブラム　6,20,36,39
王冠（おうかん）　20,36	親戚（しんせき）　16,21,31,33	プレゼント　4,9,15,20
贈り物（おく もの）　4,38	先祖（せん ぞ）……… 33	ベトナム社会主義共和国（しゃかいしゅ ぎ きょう わ こく）　7,32,39
お香（こう）　26,33	誕生会（たんじょうかい）　14,15,36	ペルー共和国（きょう わ こく）　6,14,36
オーストラリア連邦（れんぽう）　7,34	テア ……… 7,34	ベルギー王国（おうこく）　6,20,36,39
オパール　6,12,39	デザート　11,13,14	放課後（ほう か ご）　19,21
おもちゃ ……… 15	伝統（でんとう）　36,37,38	ポップコーン ……… 14
ガーナ共和国（きょう わ こく）　6,22,39	ドミートリ　7,18,39	マーミ　6,22,39
カイノア ……… 6,10	友だち（とも）　8,11,13,14,15,16,19,23,27,35	未来（みらい）……… 27
家族（かぞく）　13,14,20,29,35,38	名前（な まえ）　9,16,30,37	メルセデス　6,14,36
学校（がっこう）　18,20,27,39	ニノシュカ　7,26,36	ラトビア共和国（きょう わ こく）　7,16,17,37,38,39
カナダ ……… 6,8	日本（に ほん）　7,28,36	レソト王国（おうこく）　7,24,37
感謝（かんしゃ）　4,28,37	バースデーカード ……… 21	ロウソク　9,17,21
カンボジア王国（おうこく）　7,30	バースデーチェアー　17,39	ロシア連邦（れんぽう）　7,18,19,39
儀式（ぎ しき）　5,26,27,36	パーティーハット　8,15	ンタベレング　7,24,37
キャンディー　14,15,20	ハッピー バースデー ……… 9	

マーグリート・ルアーズ　Margriet Ruurs

児童文学作家。教育者。カナダのサイモン・フレーザー大学で教育学修士号を取得。著書は35冊以上にのぼる。カナダ、ブリティッシュ・コロンビア州のソルト・スプリング島で、「Between The Covers（次の本までの間）」という、本を愛する人たちのための宿泊施設を運営している。邦訳されている作品に『石たちの声がきこえる』（新日本出版社）などがある。

アシュレイ・バロン　Ashley Barron

カットペーパー・コラージュ作家。子どもの本、新聞、雑誌のほか、店頭ショーケースなどを飾っている。カナダ、オンタリオ州のトロントに、パートナーと、2匹の猫、1羽のオウムと住んでいる。

大西 昧（おおにし まい）

愛媛県生まれ。翻訳家。東京外国語大学卒業。出版社で長年児童書の編集に携わった後、翻訳家に。翻訳作品に『ぼくはO・C・ダニエル』（鈴木出版）がある。

日本語版デザイン・DTP／坂上 大

※外国語の発音をカタカナで正確に表記することはできません。できるだけ近い音になるように表記しました。